VOYAGE ARCHÉOLOGIQUE

EN

Italie et en Tunisie

ROME, NAPLES, POMPÉI, MESSINE, CATANE, SYRACUSE,
PALERME, MALTE, TUNIS ET UTIQUE

(AVEC VINGT-CINQ VUES DE VILLES ET DE MONUMENTS, DESSINS D'ANTIQUITÉS)

PAR

Ambroise Tardieu

HISTORIOGRAPHE DE L'AUVERGNE

MEMBRE DE L'INSTITUT ARCHÉOLOGIQUE D'ALLEMAGNE, A ROME, DE L'ACADÉMIE ROYALE D'HISTOIRE DE MADRID, DES ACADÉMIES DE
TOULOUSE, ROUEN, MARSEILLE, CLERMONT-FERRAND, ETC., OFFICIER ET CHEVALIER DE DIVERS ORDRES

CHEZ L'AUTEUR
A HERMENT (Puy-de-Dôme)
MDCCCLXXXV

AMBROISE TARDIEU

VOYAGE ARCHÉOLOGIQUE

EN

Italie et en Tunisie

ROME, NAPLES, POMPÉI, MESSINE, CATANE, SYRACUSE,
PALERME, MALTE, TUNIS ET UTIQUE

AVEC VINGT-CINQ VUES DE VILLES ET DE MONUMENTS, DESSINS D'ANTIQUITÉS

PAR

Ambroise Tardieu
HISTORIOGRAPHE DE L'AUVERGNE

MEMBRE DE L'INSTITUT ARCHÉOLOGIQUE D'ALLEMAGNE, A ROME, DE L'ACADÉMIE ROYALE D'HISTOIRE DE MADRID, DES ACADÉMIES DE
TOULOUSE, ROUEN, MARSEILLE, CLERMONT-FERRAND, ETC., OFFICIER ET CHEVALIER DE DIVERS ORDRES

CHEZ L'AUTEUR
A HERMENT (Puy-de-Dôme)
MDCCCLXXXV

VUE GÉNÉRALE DE ROME

Au centre, la ville ; à droite, le Forum, le Colisée, le mont Palatin ; à gauche, la basilique de Saint-Pierre et le Vatican. Le Tibre serpente dans la ville. — Cette vue est prise du Janicule.

Es voyages, à la recherche de l'antiquité, ont un charme inexprimable ; mais il n'est pas nécessaire d'être un érudit pour ressentir de vives émotions en face de la grande nature ou des monuments élevés par la main des hommes. Voici des impressions sur un itinéraire à travers l'Italie, la Sicile, Malte et la Tunisie, par un curieux de ce qui est utile et beau. Puissiez-vous, chers lecteurs, trouver agrément et profit à la lecture de ces quelques pages...

Qu'il me soit permis de dire, en commençant, que j'accompagnais, sous le beau ciel d'Afrique, un homme de haute valeur, le comte d'Hérisson, chargé d'une mission archéologique en Tunisie (dont il a publié la relation complète, dans un volume petit in-4°, en 1881). J'étais attaché à cette mission en qualité de secrétaire.

Après avoir longé, à partir de Nice, cette poétique mer de la Méditerranée, traversé Gênes, me voici enfin à Rome. Mon cœur tressaillait d'allégresse en pensant que j'arrivais, pour la première fois, dans les murs des Césars, dans la capitale du monde chrétien. Dès le lendemain, je visite le musée du Vatican, le Vatican lui-même, la chapelle Sixtine, les merveilleuses loges de Raphaël. Celles-ci sont au dernier étage du palais du Chef de l'Église, non loin des appartements du Saint-Père ; mais si le Pape préfère loger si haut, disons, de suite, que ses appartements sont majestueux, dignes du Grand Pontife. Le Vatican est attenant à l'église Saint-Pierre. Lorsqu'on pénètre dans cette immense basilique, où les dimensions sont énormes, les détails sont, forcément, établis dans des proportions exagérées, sans aucune relation avec l'échelle humaine. Ce que l'on croit de grandeur ordinaire est colossal. Je me rappelerai, toujours, d'avoir mesuré le doigt de pied d'un ange qui supporte un bénitier. De loin, il paraissait de grandeur ordinaire ; de près, il était grand comme le pied humain lui-même. Les chapelles affectent les mêmes proportions que le reste. Elles ont les dimensions de belles églises ordinaires. Parler des merveilles de Saint-Pierre, ce serait consacrer des pages à la nomenclature ; et encore ! Citons le Saint-Pierre de bronze, objet de vénération de tous les pèlerins, qui ne manquent pas de baiser le pied de la célèbre statue. J'ai remarqué de nombreux confessionnaux où l'on confesse dans toutes les langues. Un usage bien curieux est celui-ci : Il s'agit du *grand pénitencier ordinaire*. Un prêtre est assis dans un confessionnal. Les pénitents s'agenouillent devant lui, et reçoivent, sur la tête, un léger coup de sa longue baguette. Ces pénitents, qui doivent s'être confessés préalablement, gagnent cent jours d'indulgence. Le voyageur, peu renseigné, va généralement, recevoir le petit coup de baguette sans s'être confessé.

La première impression produite par la vue de Rome n'est pas très favorable. Au sortir de la gare, on traverse un quartier neuf et des rues droites et larges ; on aperçoit, bientôt, le célèbre Tibre, sale, boueux, étroit. Mais si l'on s'enfonce dans les anciens quartiers populaires, là, par exemple, on retrouve le vieux Rome que l'on recherche. Toutefois, faut-il le dire, les magasins de la célèbre ville ressemblent à des caves ; les beaux cafés sont rares et peu animés. Les meilleurs restaurants se trouvent chez certains confiseurs en renom. La vie, à Rome, est loin d'être bon marché ; le climat d'hiver y laisse beaucoup à désirer.

Certes, si vous voulez vous occuper d'antiquité dans cette grande ville, tout vous y invite. Jadis, les Papes firent de leur capitale un centre d'art et de lumières. Depuis 1870, le gouvernement italien a compris qu'il avait intérêt à attirer les étrangers de toutes les nations dans la nouvelle capitale. Aussi n'a-t-il pas reculé devant les dépenses. Dès le 8 novembre, un décret instituait une surintendance des fouilles et en chargeait l'habile explorateur du Palatin, M. Pietro Rosa. Huit jours plus tard, les travaux du Forum commençaient. Pendant tout le moyen-âge, le Forum resté le champ aux bestiaux (*Campo Vaccinio*), prit l'aspect qu'il conserva jusqu'au commencement de ce siècle. C'était une place entourée d'églises, autour de laquelle sortaient, du sol, quelques colonnes qui, chose étonnante, ne provoquaient que fort peu la curiosité des savants. Au commencement du XIXᵉ siècle, les recherches commencèrent et occasionnèrent de vives discussions archéologiques comme on en constate souvent entre savants. M. Rosa aura ce mérite d'avoir soulevé le voile de bien des points obscurs. Il a fait enlever plus de 120.000 mètres cubes de terre et creuser profondément le Forum où l'on a exhumé une foule de débris antiques ; mais rien n'est achevé. Plus tard, des problèmes qui semblent encore insolubles, seront résolus sans doute.

Du Forum, montons au Palatin, qui est attenant. Cette colline, autrefois occupée par des villas, l'était, en principe, par le palais des Césars. L'archéologue risque d'être très surpris en voyant ce qui reste des splendeurs des premiers siècles. On n'y rencontre que quelques décombres. Mais à Rome, si l'on veut trouver un intérêt à le visiter, il faut faire un grand effort d'imagination. C'est une étude que de comprendre Rome ; mais cette étude nous fait goûter des charmes qui s'augmentent avec le temps. Le pape Grégoire XVI, homme d'esprit, demandait toujours aux étrangers qui venaient prendre congé de lui combien de temps ils étaient restés à Rome ? Quand on n'y avait passé que quelques semaines, il se contentait de dire : *Addio* ; mais à ceux qui quittaient Rome après plusieurs mois il disait : Au revoir. Pour en revenir au Palatin, ajoutons qu'en 1861, l'empereur Napoléon III acheta, au roi de Naples, la partie nord et chargea M. Rosa d'y faire des fouilles qui furent couronnées de plein succès : on trouva les palais des Césars.

Je ne crois pas qu'il y ait un lieu où l'on vive davantage en pleine antiquité qu'au Palatin. Aussi, depuis le XVIᵉ siècle, avait-il été fouillé, pour y retrouver, selon l'usage, des mosaïques, des statues ; mais une fois la cupidité des explorateurs satisfaite, on s'empressait de recouvrir de terre les ruines un moment rendues au jour. Les travaux sérieux n'ont commencé que de notre temps et par l'initiative de la France. Ce sera, certainement, un honneur pour notre patrie.

Lorsqu'on se rend à Rome, il ne faut pas manquer de visiter les *Catacombes*. Depuis 35 ans, elles ont été explorées sérieusement. Ces travaux sont l'œuvre de l'un de nos savants contemporains les plus illustres, de M. J.-B. de Rossi, qui a du génie et de la logique. M. de Rossi m'a honoré d'une lettre précieuse lors de ma découverte de la ville gallo-romaine de Beauclair. Je n'oublierai jamais cet encouragement. Les Catacombes, où tant de martyrs chrétiens ont été ensevelis, n'ont été réellement retrouvées qu'en 1578 et étudiées, quelques années après, par le savant Bosio. Mais avant M. de Rossi, les explorations étaient faites sans méthode. L'éminent chercheur a entrepris des études colossales sur ces nécropoles superposées et nous a donné des résultats surprenants.

Les véritables archéologues, les érudits sont nombreux à Rome. En pourrait-il être autrement, dans une ville où les débris de l'antiquité se comptent par milliers ? Depuis 1882, j'ai été en rapport avec des sommités dont le nom m'est cher. Qu'il me soit permis de les citer, ici, et de leur témoigner ma gratitude : Le célèbre M. Fiorelli, qui dirige les fouilles de Pompéï dont nous parlerons plus loin ; le très savant M. Helbig, qui, en divers temps, m'a honoré de son amitié, l'un des plus intelligents membres de l'Institut archéologique d'Allemagne, à Rome, critique de haute compétence qui a publié, entr'autres travaux remarquables, deux savants ouvrages sur les peintures murales d'Herculanum et de Pompéi ; M. Bertolotti, archiviste de l'Etat ; le commandeur Descemet, un érudit comme il y en a peu ; le Père Bruzza, savant barnabite, etc.

Continuant mon excursion à travers Rome, je visite Elle occupe une petite salle éclairée par le haut ; et, afin de mieux voir la statue, on peut la faire tourner sur un pivot.

J'aperçois encore, sur le bord de la rue du Corso, peut-être trop vantée, la colonne *Antonine*, composée de 28 blocs de marbre. Elle a un escalier intérieur de 190 marches. Plus loin, la colonne *Trajane*, un des beaux monuments antiques de Rome. Le fût est composé de 23 blocs de marbre blanc, de Carrare. La colonne, avec sa base et son chapiteau, a près de 26 mètres. On y monte par un escalier tournant de 182 marches taillées dans le marbre. Les bas-reliefs représentent l'expédition de

LA BASILIQUE DE SAINT-PIERRE ET LE VATICAN

de nouveau, le Vatican, dont j'ai dit un mot et sur lequel je reviens. Il a trois étages et renferme 20 cours, 200 escaliers de service, 8 grands escaliers, 13,000 chambres en y comprenant les sous-sols. Presque tout l'édifice est occupé par des collections. Le musée du Vatican est tout un monde. Il y a un musée lapidaire, des galeries de statues, de bustes ; une galerie de tapisseries, où l'on conserve les tapisseries dont Raphaël a fait les dessins (1515) ; le musée étrusque grégorien ; le musée égyptien ; le musée profane ; le musée des antiquités chrétiennes, etc., etc.

Je monte au musée du Capitole, l'un de nos beaux musées publics d'Europe ; il est rempli de sarcophages, de bustes, de statues antiques, etc. Je m'arrête, saisi d'admiration, devant la statue de Vénus dite du Capitole, la plus belle statue de Vénus léguée par l'antiquité.

Trajan (2,500 personnages). Citons encore : le Panthéon, magnifique monument, le plus remarquable que nous ait transmis la Rome antique, érigé par Agrippa, gendre d'Auguste (26 ans avant Jésus-Christ). L'intérieur se compose d'une vaste rotonde dont la voûte est formée par une coupole. Près du 3ᵉ autel, tombeau de Raphaël. Le Panthéon renferme aussi les restes de plusieurs autres artistes ; le corps du roi Victor-Emmanuel, etc.

Les arcs de Titus et de Constantin sont dignes d'attention. Le premier, placé au point culminant de la voie sacrée, est le plus beau monument en ce genre qui nous soit parvenu ; le second n'est pas éloigné du précédent.

Près de l'arc de Constantin, le *Colisée*, vaste ruine, une des merveilles de Rome, dans lequel tant de martyrs chrétiens ont été jetés en pâture aux bêtes féroces. Il fut achevé 80 ans après Jésus-Christ, par

Titus. Plusieurs milliers de juifs prisonniers y travaillèrent. Titus inaugura cet amphithéâtre par des fêtes qui durèrent cent jours et où furent tués 5.000 animaux sauvages et 10.000 captifs. Il servit aux combats de gladiateurs jusqu'à l'année 523 et pouvait contenir 100.000 spectateurs. L'arène ovale a 92 mètres 57, sur 59 mètres 11 ; la circonférence de l'édifice, 524 mètres.

Je visite, sur les bords de la ville, les thermes de Caracalla, une des plus grandes ruines de Rome, où 3.000 personnes pouvaient se baigner à la fois. L'emplacement est un carré de 341 mètres de côté. C'est là qu'au XVIᵉ siècle on a trouvé l'Hercule Farnèse, le Torse du Belvédère, la Vénus Callipyge.

Comme le jour de ma visite aux thermes de Caracalla, j'avais pris une excellente voiture, j'en profitai pour me rendre à diverses églises principales. D'abord, à Saint-Jean-de-Latran, magnifique monument, à 5 nefs, où je remarquai le beau plafond à caissons dorés exécuté, en 1564, et attribué à Michel-Ange ; le maître-autel et son baldaquin ; on conserve, dans des reliquaires, les têtes des apôtres saint Pierre et saint Paul.

Je me rends ensuite à Sainte-Marie Majeure, la principale des églises de Rome consacrée à la Vierge, avec trois nefs, divisées par 36 colonnes ioniques antiques et un magnifique plafond. En avant du maître-autel, chapelle souterraine où l'on conserve la crèche de l'Enfant Jésus.

Le trésor des reliques accumulées à Rome est inépuisable. Il semble que rien n'ait été perdu ou que tout ait été retrouvé. On conserve la baguette de Moïse à Saint-Jean-de-Latran. On a un portrait de Jésus-Christ à 12 ans ; un autre donné à Saint-Prudent par saint Pierre, des portraits de la Sainte Vierge par saint Luc ; la margelle du puits où Jésus-Christ s'assit quand il demanda à boire à la Samaritaine (conservé à Saint-Jean-de-Latran) ; la table sur laquelle il fit la Cène avec ses disciples ; la colonne à laquelle il fut attaché pour être flagellé conservée à sainte Praxède ; la pierre sur laquelle les soldats jouèrent ses vêtements à Saint-Jean-de-Latran) ; le saint suaire où est empreinte la face de Jésus-Christ (conservé à Saint-Pierre) ; la lance avec laquelle le Christ fut frappé au côté (elle fut envoyée au Pape par le sultan Bajazet ; enfin, la planche en bois portant la fameuse inscription : *Jesus Nazarenus, rex Judæorum* conservée à l'église Santa-Croce ; un des 30 deniers d'argent, etc.

On compte à Rome 389 églises. Un gros volume suffirait à peine pour toutes les décrire. Nous devons nous borner à donner une simple idée de l'antique capitale.

On doit jeter un coup d'œil au palais du Quirinal, ancienne résidence d'été des Papes, aujourd'hui, la demeure du roi d'Italie. Enfin, avant mon départ, je portai ma curiosité vers une célèbre fontaine, la fontaine de *Trevi*, exemplaire fastueux des décorations à ramages de l'école du Bernin. Neptune s'élance avec ses chevaux au milieu de rocailles. C'est une tradition populaire que si l'on a bu l'eau de cette fontaine on ne peut s'éloigner de Rome à jamais : le sort vous y ramène. Faut-il ajouter que j'ai bu de l'eau enchanteresse ? Aussi y suis-je revenu. J'en ai bu une deuxième fois ; donc j'y reviendrai... J'eus l'honneur de m'asseoir à la table de notre ambassadeur (le marquis de Noailles), qui raconta ses voyages en Afrique. Je m'entretins avec un savant aimable, M. Geffroy, membre de l'Institut, directeur de l'école française. Que ces hauts fonctionnaires reçoivent, ici, mon respectueux souvenir.

De Rome à Naples, le trajet se fait, en une nuit, par la voie ferrée. J'arrive à Naples. « *Voir Naples et mourir* », tel est le vieux dicton. Naples est, réellement, splendide. Il n'est pas possible de contempler un tableau plus grandiose dans ses détails et dans son ensemble. Le golfe est au-dessus de toute description. Entouré de montagnes, du côté du Vésuve, celles-ci se colorent, à la chute du soleil, de teintes violettes et roses dont on ne peut se faire une idée. On admire, dominant ce tableau, ce volcan du Vésuve, toujours fumant. Le jour, sa flamme intermittente est rose ; la nuit, elle offre une teinte rouge vermillon très dramatique. Le Vésuve, rappelant bien des cataclysmes, semble dire aux Napolitains : Songez qu'au milieu du site enchanteur où vous êtes, je vous domine pour vous rappeler à la réalité. Naples a 462.000 habitants ; son circuit total embrasse une étendue de 16 kilomètres. Malheureusement, l'entassement excessif de la population, dans des rues sombres, bordées de maisons très élevées, est malsain ; ce qu'a prouvé le dernier choléra (1884), qui, du 17 août au 30 septembre, a fait périr 8,984 personnes. A Naples, la rue de Tolède, qui est d'une longueur de plusieurs kilomètres, est d'une animation extraordinaire, surtout à la tombée de la nuit. Je ne puis passer sous silence le théâtre San-Carlo (Opéra de la grande ville). Je n'oublierai jamais cette superbe salle, ornée entièrement de loges dorées, du haut en bas, non plus que l'opéra du Trouvère (*Il Trovatore*), chanté avec ce brio dont les Italiens ont le secret ; j'ai assisté au ballet de « *la fille mal gardée* », dansé par des napolitaines d'une légèreté incomparable. La napolitaine avec ses cheveux noirs, ses grands yeux qui jettent des éclairs, son teint blanc, ses petits pieds, est, de la plus belle moitié du genre humain, un spécimen accompli.

Je me rends à ce fameux musée de Naples, dont le directeur, un érudit, M. Jules de Petra, a bien voulu, en différentes fois, me transmettre des lettres de remerciements que j'apprécie. J'y trouve des milliers d'objets ; des bronzes, des marbres, des salles entières remplies de statues provenant des fouilles d'Herculanum et de Pompéï. Cet ensemble, unique au monde, vaut peut-être des centaines de millions. Je monte à l'ancienne chartreuse, d'où l'on jouit d'un panorama féerique.

Faut-il passer sous silence qu'à Naples la vie est à peu près pour rien? Chambres meublées, nourriture, domestiques, vêtements, tout est moitié comme en France. Avec 2,000 francs de rente, on se fait honneur à Naples ;

beau théâtre antique, qui est un modèle et que le Vésuve a enseveli. Je me rends, de là, à Pompéï. Je passe

NAPLES

une soirée entière dans les ruines de cette ville, qui est restée près de 17 siècles cachée sous terre, couverte par les cendres de cette épouvantable éruption du Vésuve, d'an 79 de l'ère chrétienne et si bien décrite par le célèbre Pline le Jeune. Le souvenir de l'emplacement véritable de Pompéï était perdu. C'est seulement en 1748,

LE VÉSUVE

POMPÉI, RUE DES TOMBEAUX

avec 3,000, on vit en petit seigneur. N'oublions pas la *Tarentelle*, danse populaire napolitaine. C'est une espèce de bourrée d'Auvergne, très originale. Le chant en est animé, fort gai.

Je vais à Herculanum, où je visite, à la lueur des torches, en descendant dans le tuf, qui a été déblayé, ce

que des fouilles ont fait retrouver la ville engloutie ; et, depuis cette époque, jusqu'à nos jours, des particuliers et l'Etat ont mis à nu cette merveille de l'univers entier. Actuellement, l'éminent M. Fiorelli, chargé de la direction des fouilles, est arrivé à déblayer plus du tiers de la ville. Pour avoir une idée vraie de la vie au temps des

Césars, il faut voir, étudier Pompéi. Dans cette malheureuse cité, ensevelie vivante, il y a plus de 1800 ans, tout est en place : il n'y manque que la population.

Il fallait me hâter. Je revins à Naples par le faubourg de Portici, au milieu des orangers, d'où la vue s'étend sur la mer. Sans le voisinage du Vésuve, aux pieds duquel il est situé, ce faubourg serait l'un des plus beaux sites de la terre. De l'autre côté de Portici, je traverse le tunnel, appelé grotte de Pouzzoles ; je visite le solfatare. C'est un volcan éteint ; on descend dans son cratère où quelques arbustes ont poussé ; mais si vous faites un léger trou avec une canne ou tout autre objet et que vous approchiez du feu (un cigare allumé par exemple) aussitôt, des gaz brûlants sortent du sol. Il y a encore un peu de fumée chaude dans un coin du solfatare.

MESSINE

Je quitte Naples. Je me rends en Sicile par le chemin de fer qui traverse la Calabre. A Potenza, la campagne est stérile, triste pays, ravagé par d'affreux tremblements de terre. Il faisait froid ; la neige tombait ; nous étions en pleines montagnes. Cette contrée ressemble aux environs du Mont-Dore, dans la France centrale qui, elle aussi, a brûlé, jadis, du feu de ses volcans, aujourd'hui éteints. La voie ferrée descend, enfin, à la botte de l'Italie. Je suis à Reggio. Mais, depuis plusieurs heures, la température s'est élevée considérablement, grâce à l'altitude. Plus de neige ; la contrée est plantée d'orangers. En face, on aperçoit la silhouette des montagnes de la Sicile, séparée par le détroit de Messine. La traversée se fait en une heure dans un bateau à vapeur.

Je mets pied à terre à Messine (112.000 habitants). Cette ville s'étend en amphithéâtre aux bords du détroit. C'est l'un des ports commerçants de l'Italie. A peine arrivé, je pense à ce terrible tremblement de terre qui, en 1783, y fit périr 40.000 personnes. Pour contempler Messine, il faut monter au couvent des Capucins. La cathédrale de la ville possède vingt-six colonnes, monolithes antiques en granit. L'église de San Gregorio, édifiée en 1542, est richement ornée de marbres et de mosaïques. Le Campo-Santo de la ville est une curiosité. Il est placé en demi-pente sur une colline et rempli de statues de marbre. Le musée municipal est, au contraire, indigne d'une grande cité ; soit dit en passant, les rues de celles-ci sont malpropres.

Je reprends le chemin de fer qui se dirige à Catane, en côtoyant un rivage incomparable. La mer baigne la côte et la voie ferrée suit celle-ci, au milieu des orangers, des citronniers à odeurs suaves. Les arbres fruitiers étaient en fleurs, bien qu'aux derniers jours de janvier. Dès mon arrivée en Sicile, je remarquai le beau type sicilien. La race grecque s'est maintenue, jusqu'à ce jour, dans le peuple de cette île. Les femmes passent avec raison pour fort belles. Leurs cheveux sont de couleur noire foncée ; leur teint rosé. Elles sont sveltes, élancées. On croirait voir, dans la partie supérieure de leur corps, un buste antique. Il me semblait que, plus je m'approchais de Catane, plus la population me paraissait digne de l'esthétique.

Catane (84.000 habitants), où j'arrivai par un beau soleil, est le séjour de la société sicilienne, pendant l'hiver, tant le climat est privilégié. La ville est réputée pour la plus belle de la Sicile. Une série de terrasses, étagées les unes au-dessus des autres et couvertes d'orangers, forment le premier plan de l'Etna dont elle n'est éloignée que d'une douzaine de kilomètres. Les Catanais sont, dit-on, les plus aimables des Siciliens. L'étranger est reçu avec une extrême obligeance.

Les rues de la ville sont larges et longues. De beaux jardins décorent les alentours ; mais tous sont entourés de murailles de laves. Ce qui fait du paysage de Catane quelque chose de grandiose, c'est la cime bleuâtre de l'Etna, que l'on voit fumer de toutes parts. De la rue qui traverse en longueur la ville de Catane on contemple ce spectacle qui n'a pas d'égal en Europe. Il faudrait se rendre dans les Andes, en Amérique, pour retrouver un pareil tableau ; car l'Etna n'a pas moins de 3.313 mètres d'altitude. La cathédrale de Catane est ornée de chapelles remplies de statues. On y conserve le fameux voile de Sainte-Agathe, devenu le palladium de la cité.

Je quittai Catane en me disant : Quel beau séjour ! Il est peu de villes qui m'aient fait autant d'impression par son site et la bonté de ses habitants. Je pris encore, la voie ferrée qui, en quelques heures, me transporta à Syracuse, dans la patrie de ce grand Archimède.

Syracuse tel qu'il est (22.000 habitants), n'est qu'une faible partie de l'antique cité, si célèbre. L'île, qui renferme tout ce qui reste de la ville, n'est séparée de la Sicile que par un fossé et par une série de fortifications : c'est l'île d'Ortygie que les premiers colons grecs achetèrent, il y a 2.600 ans, un gâteau de miel. Syracuse possède des rues sombres, étroites et pas de plaisirs. Le meilleur hôtel est l'hôtel *della Vittoria* (au centre). On n'y voit pour ainsi dire aucun café. Les nouvelles s'apprennent chez les coiffeurs, qui ont un véritable *salon*, dans l'ancienne acception qui convient à ces industriels; toutefois, les curiosités archéologiques sont nombreuses. C'est, d'abord, l'ancien temple de Minerve, aujourd'hui une église, rival de celui d'Athènes, monument dorique qui a plus de 24 siècles d'existence. D'un côté, 9 colonnes, de l'autre, 12 sont placées dans la maçonnerie moderne. La célèbre fontaine d'Aréthuse jaillit au bord de la mer. C'est une source abondante. Le musée, espèce de grange, renferme des poteries, des sculptures, un

le tyran venait entendre, dit-on, les plaintes de ses victimes. A côté du jardin, immense autel, de 193 mètres de long, élevé par Hiéron II. Le théâtre antique, grec, est attenant. Il contenait 25.000 personnes. Plus loin, dans la campagne, le plateau d'*Epipoles*, où l'on trouve la forteresse grecque d'*Euryale*, fort bien conservée. Elle a deux hautes murailles séparées par un fossé de 8 mètres de profondeur et percées de chemins couverts où se cachaient des hommes d'armes. De cette forteresse, vue délicieuse : l'Etna lointain, le fier mont Hybla, le demi-cercle de la mer bleue. On comprend qu'en voyant ce paysage, Marcellus, qui avait ordre d'y porter la destruction, ait versé des larmes.

CATANE ET L'ETNA

beau buste de Méduse, de bronze : des médailles parfaitement frappées ; enfin, la Vénus, dite de Syracuse, de marbre blanc, sans bras ni tête ; et, cependant, un chef-d'œuvre. Des fouilles, bien dirigées, amèneraient, sûrement, à Syracuse, de grandes découvertes. Je visite les catacombes, qui n'ont jamais été bien explorées. Elles sont plus régulièrement taillées que celles de Rome et plus vastes. Sous l'étage supérieur, il s'en trouve un deuxième, puis un troisième plus profond. Il y des millions de cadavres, dans cette nécropole, qui donne une idée de l'antique Syracuse. Des fresques, des bas-reliefs, des monogrammes, des inscriptions grecques décorent les sépulcres. Près de là, un jardin féerique, rempli de lianes, d'orangers, de fleurs, de fruits : la *Latomi del Paradiso*. On y voit des rochers, coupés à pic par les esclaves athéniens. C'était, alors, une affreuse prison où furent enfermés 7,000 captifs. On y montre l'*oreille de Denys*, c'est-à-dire une énorme fente dans le rocher, où

Le lendemain, j'allais en batelet, sur le ruisseau de Cyane, où des massifs de papyrus égyptien s'élèvent à 4 ou 5 mètres de hauteur. A minuit, je pris le bateau à vapeur pour Malte. Il faisait grand vent. J'appréhendais l'état de la mer.

A peine sorti du port, les flots agités se calmèrent. A 7 heures du matin, je montais sur le pont du bâtiment et j'eus le plaisir d'apercevoir, à l'horizon, la capitale de l'île de Malte — La Valette — où j'arrivai à 8 heures. Le port est vaste, très sûr, admirablement fermé, rempli de navires. La ville, en étage sur les rochers, dans un grand espace, offre un riche coup d'œil. Ses murailles gigantesques sont garnies de gros canons gardés par les Anglais. On sent que la Grande Bretagne a ses enfants ici. Tout est en place, bien ordonné. A Malte, on parle généralement l'anglais ; on se sert de monnaie anglaise. Pour arriver à La Valette, on gravit de hauts et larges escaliers. Sur le sommet de la ville, une rue longue, très animée, est bordée de jolis magasins. La température, à Malte, est l'une des meilleures d'Europe, en hiver. C'étaient les derniers jours de janvier ; le thermomètre marquait 28 degrés de chaleur, à midi. La population de l'île est belle. Les femmes portent toutes des capelines noires. Je visitai le musée, fort intéressant. Les Anglais, avec la science archéologique qui les caractérise, y ont réuni une foule d'objets provenant de l'Ordre de Malte. Je me rendis à l'église Saint-Jean. Elle est pavée par 400 dalles funéraires en marbres de diverses couleurs et en mosaïque. Dans la chapelle de Saint-Sébastien, je remarquai le mot *Alvernia* (Auvergne), qui me rappela ma province, en France ; l'Ordre avait, en effet, la *langue* ou circonscription d'Auvergne. L'île de Malte ne présente pas un aspect agréable, n'étant formée que d'un grand rocher blanc. Le terrain n'a pas plus de 15 centimètres de profondeur ; malgré cela, on y fait des récoltes abondantes ; ce qui est attribué aux grandes rosées. Les oranges de Malte passent

TEMPLE DE MINERVE, A SYRACUSE

pour les plus exquises du monde. Je pus m'assurer, à Malte même, de cette vérité. La saison de ce fruit dure plus de 7 mois, depuis novembre jusqu'au 15 juin.

De Malte, je gagnai Tunis, non sans péril ; car une affreuse tempête nous empêcha, longtemps, de doubler le cap Bon. Enfin, nous entrâmes dans le golfe de Tunis, qui ressemble quelque peu à celui de Naples. Notre bateau jette l'ancre à plus de 500 mètres du port de La Goulette. Des barques viennent nous chercher. Nous mettons pied à terre. Les habitations, les costumes, les Arabes, tout annonce l'Orient, spectacle étrange et nouveau, bien fait pour frapper d'étonnement l'Européen qui se rend pour la première fois sur les côtes d'Afrique.

Je prends, à La Goulette, le chemin de fer italien qui contourne le lac ; celui-ci précède Tunis. Voici la capitale de la régence. Tunis forme un curieux et beau spectacle avec ses maisons blanches surmontées de terrasses, ses mosquées, ses murailles du Moyen-Age. La ville a 150,000 âmes, dont une nombreuse colonie italienne. De loin, l'aspect est merveilleux, comme toutes les agglomérations de l'Orient ; mais, de près, l'illusion disparaît subitement. Ce n'est plus qu'une suite de ruelles, sombres, étroites, malpropres. La plus grande curiosité de Tunis est le bazar. C'est le plus vaste qui existe. Il est composé d'une suite innombrable de petites rues couvertes par une voûte (percée d'ouvertures et soutenue par des colonnes), bordées par les boutiques des Arabes. Tous les objets sont fort chers dans ce bazar : les chachias, les bijoux, les étoffes. Il faut beaucoup marchander. L'Arabe qui aperçoit un étranger, à Tunis, le considère comme une proie. Le café, c'est-à-dire la tasse de café arabe, ne coûte, à Tunis, que 2 caroubbes (10 centimes) ; il est excellent. Aucune distraction dans la ville qui, le soir, n'est pas éclairée. Il est donc fort dangereux de s'y aventurer. Le silence y règne, du reste, partout. Suivant l'usage oriental, toutes les femmes sont masquées, à Tunis. La langue du pays est, naturellement, l'arabe ; mais on y entend, fréquemment, l'italien.

Il y a, à Tunis, un café arabe fort curieux, dans le centre de la ville : c'est le café des Marabouts, où l'on voit deux tombeaux arabes à côté desquels est le drapeau vert du Prophète.

Le 5 février (1881), la mission archéologique, dont je faisais partie, fut présentée à S. A. le Bey (*Sidi-Mohammed-Sadok*, décédé depuis), au palais du Bardo, par M. Roustan, consul général français. Le Bardo, situé hors de la ville, forme une espèce de village. Le Bey était assis au fond d'une salle de réception très vaste, dont le plafond est en style oriental pur, mélangé d'une suite de petites glaces. Le souverain de Tunis, ne parlant pas le français, avait un interprète qui lui répétait, rapidement, toute la conversation et qui se tenait debout devant lui. Nous étions assis sur de grands divans en satin jaune. A notre entrée comme à notre sortie, toute la garde du palais nous présenta les armes.

Le lendemain, nous visitâmes Carthage, où nous aperçûmes d'énormes massifs de maçonnerie, qui forment une longue suite dans la plaine ; ce sont les restes de l'aqueduc romain. Nous nous rendîmes aux citernes publiques de la grande ville, admirablement conservées et nous remarquâmes diverses fouilles entreprises, jadis, par M. Beulé (ministre de l'Instruction publique de France). Ce savant célèbre a raconté ses fouilles à Carthage, dans un volume fort apprécié. Nous montâmes sur la colline carthaginoise, à la maison d'éducation que les Missionnaires de Notre-Dame d'Afrique y possèdent. Cette maison, parfaitement tenue, est entourée d'une foule d'objets antiques recueillis par les Pères : inscriptions, statues, mosaïques, vases romains. C'est là que se trouve la petite chapelle élevée pour rappeler la mort de saint Louis. On prétend que Louis IX finit ses jours à Saint-Louis de Carthage, lors du siège de Tunis (1270) ; une tradition des Arabes dit qu'il est décédé à quelques kilomètres de là, à Sidi-Bou-Saïd.

En revenant de Carthage, nous rencontrâmes, en voiture, à la Marsa, Sa Grandeur, monseigneur de Lavigerie, archevêque d'Alger (depuis cardinal), prélat rempli d'érudition, qui plaît avec sa figure ouverte, sa belle barbe noire, son ton de voix sympathique et son air respectable. Il était accompagné par le R. Père Delattre, archéologue des plus distingués, savant modeste, l'un des religieux d'Europe qui connaît le mieux l'antiquité romaine et qui a publié d'excellents écrits.

villages arabes ; au devant, des Arabes assis. Ils regardent d'une manière étonnée. A travers ces plaines, pas de chemins. Notre calèche roule péniblement ou s'enfonce dans de profondes ornières. A droite, à gauche, quelques vieux oliviers aux troncs noueux ; partout, des haies de figuiers de Barbarie aux feuilles piquantes, la seule clôture du pays. Nous traversons le pont de la Medjerdah, le principal pont de la Tunisie. Quant à la Medjerdah, c'est une rivière peu large. A l'époque des pluies, elle grossit rapidement et inonde la campagne à 3 et 4 kilomètres. Peu de jours après, ce spectacle nous fut donné. L'eau couvrait la plaine. Les Arabes, chassés par l'inondation, poussaient leurs troupeaux dans la montagne.

TUNIS

Enfin, le 7 février, nous prenons le chemin d'Utique, but de notre mission, à 35 kilomètres de Tunis, dans la direction de Bizerte. Notre calèche, attelée de 3 chevaux, renfermait le comte d'Hérisson, directeur, le baron de Billing, premier secrétaire d'ambassade, ancien consul général de Tunis, M. Joseph Valensi (frère du député de Tunis) et, enfin, votre serviteur. Nous emmenions une centaine d'ouvriers siciliens, robustes et intelligents, auxquels nous donnions 3 fr. par jour. Les Arabes sont paresseux ; on les paye, en général, 1 fr. 50 c. par jour.

Nous sommes, bientôt, en pleine campagne, dans un pays sauvage. Devant nous, des plaines, de 20 à 25 kilomètres. Au fond, de hautes montagnes : par ci, par là, des champs d'orge ; des pacages où se nourrissent des milliers de moutons. Sur le penchant des collines, on aperçoit de misérables huttes qui forment des douars ou

Après quatre heures de marche, nous arrivons à Utique qui est située sur une colline et s'aperçoit de loin. On y voit deux marabouts (tombeaux arabes) et des débris antiques de côtés et d'autres ; mais, rien au premier abord, qui indique une excellente entreprise archéologique. Evidemment, il faudra fouiller au hasard.

A Utique, il y a une villa arabe, propriété du général tunisien Hamida-Ben-Ayad. Le fils du général avait bien voulu nous accompagner et nous installer lui-même dans sa villa. Le général Ben-Ayad est le plus riche propriétaire de la Tunisie. Toute la terre d'Utique, qui lui appartient, ne comprend pas moins de 25 à 30 kilomètres de long et autant de large avec 6,000 colons. Je ne puis passer sous silence que le général nous a donné, gratuitement, la plus généreuse hospitalité, mettant à notre disposition, d'abord, l'ancien cuisinier du frère du Bey — un arabe robuste, un noir à grosses lèvres, un vrai type d'Afrique — puis, une douzaine de domestiques. Il nous faisait parvenir, de Tunis, des voitures chargées de vivres. Chaque matin, nous avions 10 plats arabes et autant le soir; parmi ces plats, le mets favori des Arabes, le *couscoussou*.

L'ancienne *Utica* a été fondée par les Phéniciens 1200 ans avant l'ère chrétienne. Après la destruction de Carthage (145 ans av. J.-C.), elle devint la première cité d'Afrique. Caton s'y donna la mort à la prise de la ville par César (46 ans avant Jésus-Christ). Sous Auguste et les empereurs romains des trois premiers siècles, le sol d'Utique était couvert de temples, de monuments divers, de palais et de villas. L'an 689 (*alias* 693), les Arabes, qui avaient envahi l'Afrique, détruisirent de fond en comble, la rivale de Carthage. Depuis cette époque, l'herbe et les ronces ont remplacé les palais et les temples romains ; mais de grandes et majestueuses ruines subsistent encore à Utique : un palais amiral, deux ports, un magnifique amphithéâtre (creusé dans la montagne), un hippodrome, des temples (dont un à Jupiter), une nécropole très-étendue, un aqueduc (qui allait chercher de l'eau à 12 kilomètres et dont on voit encore d'importants débris), de vastes citernes publiques (conservées et qui servent de caves), dans lesquelles se déversaient les eaux de l'aqueduc, un nombre considérable de citernes particulières, situées au dessous de chaque habitation. Du temps des Romains, la mer baignait la ville d'Utique. Aujourd'hui, elle en est éloignée de 12 kilomètres. Certains savants disent que ce phénomène est dû à un soulèvement du sol, résultat de tremblements de terre ; d'autres affirment — ce qui est plus probable — que la Medjerdah a ensablé toute la contrée.

Nous commençâmes nos fouilles, le 8 février, dans une vaste nécropole romaine, où nous avons trouvé des milliers de vases en terre aux formes variées.

Nous recueillîmes une quantité de belles lampes (*lucernæ*) en terre avec des sujets les plus intéressants.

C'est encore, dans la nécropole, que nous sortîmes de terre toute une série d'objets précieux : des statuettes en terre cuite, des colliers, des monnaies, des phallus, des inscriptions, parmi lesquelles celle de la page suivante qui indique les limites de cette nécropole ; de petites clochettes de bronze fort curieuses.

Nous découvrîmes des marques de briques romaines; de petites urnes sépulcrales en pierre, taillées en forme de tombeaux et scellées en plomb. Elles ne renfermaient que des cendres avec quelques ossements ; des stèles votives puniques, fort curieuses, où l'on trouve, comme dans les ex-voto du temple de Tanit, trouvés à Carthage, le symbole le plus fréquent : Dieu avec la main ouverte qui bénit. Sur l'une de ces stèles, on

POTERIES ROMAINES D'UTIQUE

voit deux disques de Vénus ; sur une autre, le croissant de Tanit.

LAMPES ROMAINES D'UTIQUE

Dans la nécropole d'Utique, il y avait un cimetière chrétien (remontant au IVe siècle, probablement), où les inscriptions n'étaient pas rares, telles que celles qui figurent à la colonne 22.

La découverte la plus belle était celle d'une tombe chrétienne (colonne 22), de ce même cimetière, ayant environ 2 mètres de longueur, et entièrement en mosaïque de couleur. Cette tombe était en fort mauvais état ; mais je pus en relever le dessin complet qui paraît, ici, pour la première fois. Elle portait l'inscription *Candida fidilis in pace*, qui a donné lieu à tant de discussions.

Toutes les inscriptions chrétiennes d'Utique offrent, en général, selon l'usage, le monogramme du Christ et la formule *Fidelis in pace*, du temps de l'empereur Constantin et postérieurement. Ajoutons qu'il y avait, à Utique, aux premiers siècles de l'ère chrétienne, un évêché.

Sur le sommet de la ville, était l'acropole. Au-dessous, les palais semblent avoir été nombreux. Dans cette direction, sur une légère éminence, on trouva un temple dédié à Hercule, avec de magnifiques mosaïques, dont un spécimen est donné à la page suivante.

C'est dans ce temple que fut découverte une belle statue d'Hercule enfant, en marbre blanc. Conformément

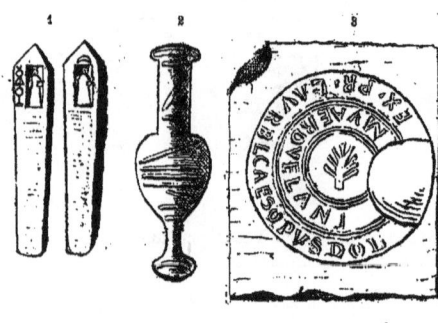

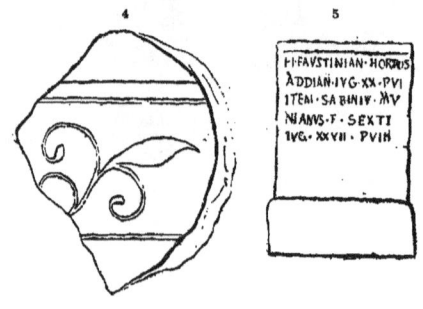

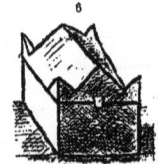

TOMBE CHRÉTIENNE EN MOSAÏQUE

au plan des constructions romaines, toutes les habitations d'Utique étaient divisées en deux parties: un *atrium* et un *peristylum*, c'est-à-dire deux cours intérieures entourées de colonnades et ornées de fontaines. Dans ces

INSCRIPTIONS CHRÉTIENNES

maisons, on trouve des débris de peintures murales, décorées en vert, en bleu de ciel, en rouge vermillon, en noir, en violet, en jaune, etc.

Plus loin, dans la partie de la ville, appelée l'île, parce qu'elle était entourée par la mer, on mit à nu une statue

1 Deux stèles avec la statue de Dieu qui bénit; 2 vase en verre, peint en noir et jaune; 3 marque d'une brique romaine; 4 débris de peinture murale; 5 inscription donnant les limites de la nécropole; 6 urne sépulcrale en pierre taillée en forme de tombeau; 7 deux petites clochettes de bronze ayant servi à des bracelets

de Bachus et des mosaïques fort curieuses. L'une d'elles représentait *la mort d'Adonis*; une autre *Vénus conduite dans une barque par les amours*. Dans cette île, on rencontra les débris d'une statue gigantesque ; des frises de marbre blanc, de la plus grande magnificence; des inscriptions en l'honneur d'Octavianus. de Sylla, de Gordien.

Un monticule, qui ressemblait à un tumulus et couvert de broussailles, fut l'objet de recherches actives. La pioche d'une cinquantaine d'ouvriers y découvrit des thermes ornés de mosaïques et dont les murailles conservaient leur hauteur primitive. Une salle offrait encore ses peintures murales, d'une fraîcheur extrême. Ces peintures précieuses présentaient tout-à-fait l'aspect de celles de Pompéï. Je m'empressai de les dessiner ; car il était impossible de les enlever, tant elles étaient fragiles.

n'ont pas creusé au delà de 2 mètres, parce qu'ils rencontraient les pavages en mosaïque à cette profondeur.

Les ruines d'Utique avaient été déjà fouillées par un italien, le comte Camille Borgia, il y a une trentaine d'années et un anglais, M. Davis, en 1860. C'est à Utique que le même comte Borgia prit les germes d'une fièvre qui l'emporta, après son retour à Rome. Les terrains situés au couchant de la colline d'Utique sont, en effet, couverts de marais très-malsains. M. Davis avait été chargé de fouiller Utique par le gouvernement britannique. Les mosaïques et les divers objets qu'il a trouvés

MOSAÏQUE DU TEMPLE D'HERCULE

COUPE DES THERMES ROMAINS

Ci-contre, d'après la coupe des thermes, un dessin inédit qui a d'autant plus d'intérêt qu'il est probable qu'à cette heure tout a été détruit.

Près de là, se trouve une source thermale, utilisée par les Romains. Il y existait un établissement de bains. Il en reste une salle voûtée.

Le sol d'Utique est encore jonché de ruines, de constructions publiques ou privées, sur tous les points, dans un espace de plusieurs kilomètres. On les aperçoit rarement à fleur de terre ; mais c'est à peine si elles sont cachées par quelques centimètres d'humus ; de sorte que la moindre recherche vous amène une surprise. Les fouilles ont été faites à des profondeurs différentes. Dans la nécropole, on a été jusqu'à 3 mètres 50, en général à 2 m. 50. Sur l'emplacement des habitations, les ouvriers

enrichissent, de nos jours, le British Museum, à Londres. N'oublions pas de rendre hommage à la mémoire de M. Daux (mort en 1882), ingénieur et savant archéologue, qui avait été chargé par Napoléon III de lever le plan de l'ancienne Utique et qui a publié, à ce sujet, un ouvrage remarquable : *Les Emporia phéniciens*.

Il existe, enfin, un excellent volume intitulé, *Les villes retrouvées*, par G. Hanno, qui parle savamment d'Utique.

A notre départ, le 31 mars (1881), en faisant l'inventaire de nos richesses, nous avons garni une centaine de grandes caisses.

Tous les objets d'Utique ont fait, à Paris, l'objet d'une exposition publique, au palais du Louvre dont la presse a beaucoup parlé. A ce sujet, je tiens à dire, ici, que je suis complétement étranger, aux inscrip-

CIRQUE AU PREMIER SIÈCLE (D'APRÈS M. DAUX).

tions des étiquettes de cette exposition. Terminons en rappelant que la mission d'Utique était officielle mais gratuite. Le capital en avait été fait par les généreux souscripteurs dont les noms suivent, nos princes de la finance, à Paris : Messieurs Édouard André, le comte Louis Cahen d'Anvers, le comte Raphaël Cahen d'Anvers, le comte Abraham de Camondo, le comte Nissim de Camondo, C. Géry, Alexandre de Giraudin, le comte Ed. de Lamberty, le baron Alphonse de Rothschild, le baron Seillère, Sir Richard Wallace. Ces messieurs pouvaient vendre, aux enchères, les objets rapportés d'Afrique ; mais, animés d'un sentiment qui les honore au suprême degré, ils ont fait don à l'État, pour le musée du Louvre, des découvertes d'Utique. L'État, en s'empressant d'accepter ce cadeau, a qualifié de *trésors* tous les objets légués à notre premier musée national.

Pour rentrer en France, en quittant Tunis, je décidai de revenir par la côte occidentale de la Sicile, parce que j'avais visité les villes placées à l'orient. Le bateau à vapeur passa en vue de Marsala (34,000 habitants), où l'on récolte ce vin célèbre. Il s'arrêta, toute une nuit, à Trapani (38,000 habitants), à cause des écueils. A 7 heures du matin, nous repartîmes pour Palerme, où nous arrivâmes dans l'après-midi.

Palerme (219,000 habitants), capitale de la Sicile, est dans une situation ravissante au fond d'un golfe. Derrière la ville, s'étend une plaine fort riche, plantée de citronniers et d'orangers, à laquelle sa fertilité a fait donner le nom poétique de *Conca d'Oro* (Corne d'Or). Palerme est divisée, en forme de croix, par le Corso Vitto-

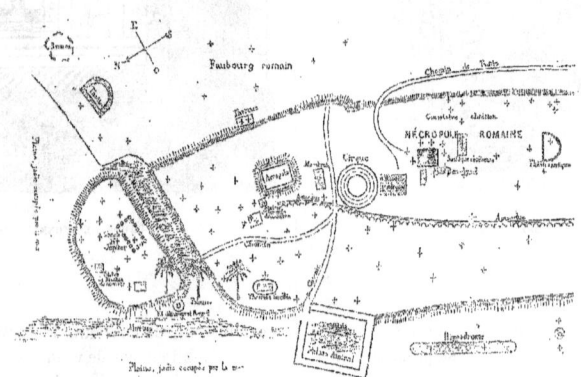

PLAN GÉNÉRAL DES FOUILLES D'UTIQUE.

rio Emmanuele et la via Macqueda. Le long de la mer, belle promenade de *la Marina*, rendez-vous de la société élégante. La cathédrale, majestueux monument commencé en 1170, renferme de beaux sarcophages, notamment celui de Sainte Rosalie, patronne de la cité, objet d'un grand culte. Ce sarcophage d'argent pèse 650 kilogrammes. J'ai visité le musée national, qui est fort intéressant par ses antiquités grecques et romaines. Citons un faune, découvert à Torre del Greco, près de Naples, de beaux pavés en mosaïque ; les célèbres métopes, de Sélimonte, qui comptent au nombre des sculptures grecques les plus antiques qui nous soient parvenues, etc.

Je repris encore le bateau à vapeur qui me conduisit, en une nuit seulement, à Naples, où j'entrai par une merveilleuse matinée. Le soleil levant éclairait les montagnes des alentours ; la ville paraissait séduisante avec ses maisons étagées en amphithéâtre. Je passai près de l'île de Capri, si pittoresque. Je revis Naples. De là, je me rendis à Rome. L'eau de la fontaine Trevi avait raison. Enfin, je gagnai la *corniche,* Nice, Marseille et mon Auvergne où je retrouvai mon logis avec un bonheur nouveau.

Moulins. — Imprimerie C. Desrosiers, Et. Auclaire, successeur.

OUVRAGES DE M. AMBROISE TARDIEU

A HERMENT (PUY-DE-DOME)

1º **Histoire de l'abbaye royale de l'Eclache**, en Basse-Auvergne (ordre de Citeaux), in-folio, plans, blasons en couleur, sceaux, etc. (resté *manuscrit*). — A obtenu la grande médaille d'or au concours de l'Académie de Clermont-Ferrand, en 1862 (Ouvrage déposé à la Bibliothèque de Clermont-Ferrand.)

2º **Histoire généalogique de la Maison de Bosredon**, en Auvergne, comprenant des notices historiques sur un grand nombre, de fiefs et les armes et généalogies de plus de 160 familles, grand in-4º de 426 pages, avec blasons, tombeau, vues de châteaux. — Clermont-Ferrand, Ferdinand Thibaud, 1863.
Prix : 100 francs (épuisé).

3º **Histoire de la ville et de la baronnie d'Herment**, en Auvergne, grand in-4º de 248 pages, avec plans, sceaux, blasons, etc. — Moulins, C. Desrosiers, 1866 . . . . *Prix : 25 francs (épuisé).*

4º **Histoire de la ville de Clermont-Ferrand** depuis les temps les plus reculés jusqu'à nos jours, 2 vol. grand in-4º, avec plans, portraits, blasons, sceaux, cartes, tombeaux, etc. — Moulins, C. Desrosiers, 1871-1872.
Prix : 60 francs (épuisé).

5º **Histoire de la ville de Montferrand et du bourg de Chamalières**, en Auvergne, grand in-4º avec blasons, portraits, sceaux, maisons anciennes. — Moulins, C. Desrosiers, 1875 . . . *Prix : 40 francs (épuisé).*

6º **Histoire de l'administration municipale à Clermont-Ferrand**, de 1849 à 1860, in-4º. — Moulins, C. Desrosiers 1875 . . . . . . *Prix : 10 francs (épuisé).*

7º **Grand Dictionnaire historique du département du Puy-de-Dôme**, grand in-4º, avec portraits, plans, blasons en couleur, châteaux, carte, etc. — Moulins, C. Desrosiers, 1876. *Prix : 40 francs (épuisé).*

8º **Grand Dictionnaire biographique du département du Puy-de-Dôme**, grand in-4º, avec 160 beaux-portraits lithographiés. — Moulins, C. Desrosiers, 1877 . . . . . . *Prix : 25 francs (épuisé).*

9º **La ville gallo-romaine de Beauclair**, commune de Voingt, près d'Herment (Puy-de-Dôme), fouilles et découvertes, grand in-4º, avec planches en couleurs. — Moulins, C. Desrosiers, 1882
Prix : 10 francs (épuisé).

10º **Curiosités de voyage. De Limoges à Clermont et à Thiers**, en 1631. (Extrait et traduction de l'itinéraire d'Abraham Golnitz) in-8º, Lyon, 1882 . . . . *Prix 2 francs (épuisé).*

11º **Pontgibaud, en Auvergne** (la ville, le château, le comté, les mines), ouvrage orné de portraits, d'une vue de la chartreuse du Port-Sainte-Marie, de blasons en couleurs, etc., in-8º. C. Desrosiers, 1882
Prix : 10 francs (épuisé).

12º **Généalogie de la maison du Plantadis** (dans la Marche et en Auvergne), petit in-4º, blasons en couleurs. C. Desrosiers, 1882.

13º **Montrognon** (le château, les seigneurs), in-8º. Guéret, 1883 (avec vue des ruines du château).

14º **Les Thermes gallo-romains de Royat** (Puy-de-Dôme). — Rome, 1883, in-8º, plan.

15º **Trois mois à Venise**, Lyon, 1884, in-8º.

16º **Dictionnaire des anciennes familles de l'Auvergne**, in-4º à deux colonnes, blasons en couleurs. — Moulins, Etienne Auclaire, 1884 . . . . *Prix : 50 francs (épuisé).*

17º **Voyage en Autriche et en Hongrie** (avec illustrations), Moulins, Et. Auclaire, 1885, in-8º.

18º **Dictionnaire iconographique des Parisiens**, in-8º à 2 colonnes, avec portraits par Thomas de Leu, Léonard Gaultier, etc., reproduits par la photogravure. — Moulins, Et. Auclaire, 1885. . . *Prix : 15 francs.*

19º **Voyage archéologique en Italie et en Tunisie**, avec 25 vues de villes ou dessins de monuments, in-4º. — Moulins, Et. Auclaire, 1885.

Moulins. — Imprimerie C. Desrosiers, Et. Auclaire, successeur.

www.ingramcontent.com/pod-product-compliance
Lightning Source LLC
Chambersburg PA
CBHW070435080426
42450CB00031B/2537